AF220378

Impressum
Verlag: BABADADA GmbH, Nedderfeld 112 , 22529 Hamburg
Geschäftsführer / Verlagsleitung: Harald Hof
Druck: Books on Demand GmbH, In de Tarpen 42, 22848 Norderstedt

Imprint
Publisher: BABADADA GmbH, Nedderfeld 112 , 22529 Hamburg, Germany
Managing Director / Publishing direction: Harald Hof
Print: Books on Demand GmbH, In de Tarpen 42, 22848 Norderstedt

colegio
escola

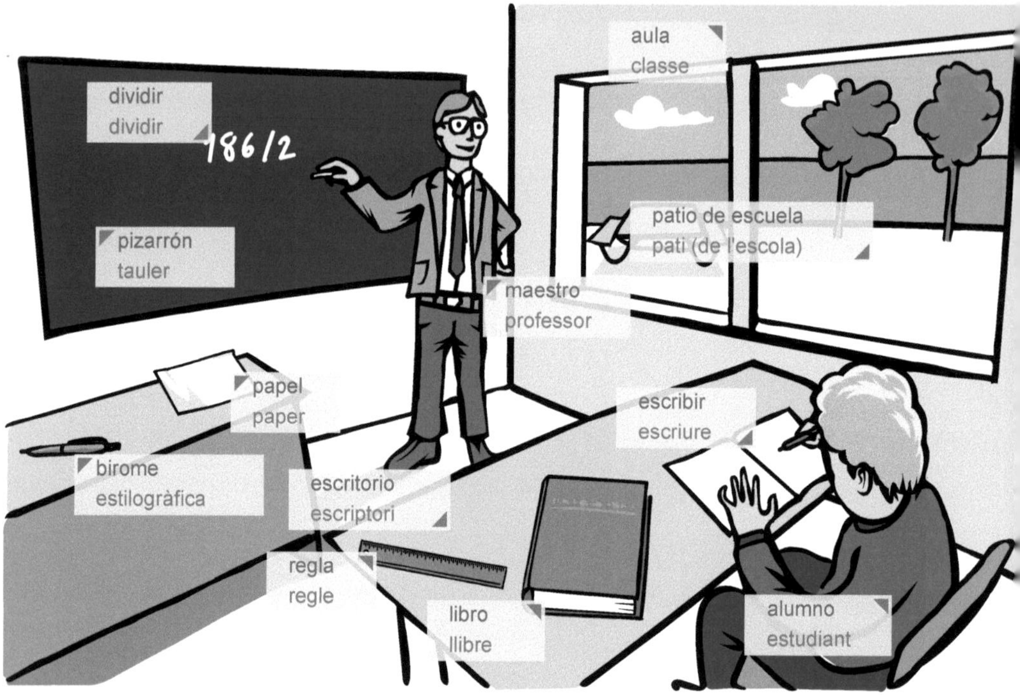
aula
classe
dividir
dividir
186/2
pizarrón
tauler
patio de escuela
pati (de l'escola)
maestro
professor
papel
paper
escribir
escriure
birome
estilogràfica
escritorio
escriptori
regla
regle
libro
llibre
alumno
estudiant

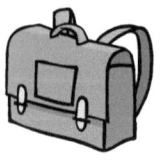

mochila

bossa

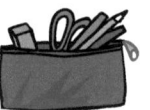

caja de lápices

estoig

lápiz

llapis

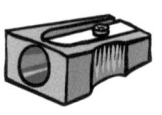

sacapuntas

maquineta de fer punta

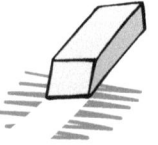

goma (de borrar)

goma

bloc de dibujo

bloc de dibuix

dibujo
dibuix

pincel
pinzell

caja de pinturas
capsa de pintures

tijera
tisores

pegamento
cola

cuaderno de ejercicios
quadern d'exercicis

tarea
deures

número
nombre

sumar
afegir

restar
sostreure

multiplicar
multiplicar

calcular
calcular

letra
lletra

abecedario
alfabet

palabra
mot

colegio - escola   3

texto

text

leer

llegir

tiza

guix

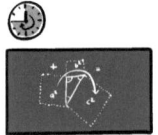

lección

lliçó

cuaderno de clase

llibre de classe

examen

examen

certificado

certificat

uniforme escolar

uniforme escolar

educación

formació

enciclopedia

enciclopèdia

universidad

universitat

microscopio

microscopi

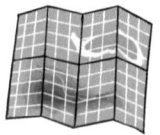

mapa

mapa

tacho (de basura)

paperera

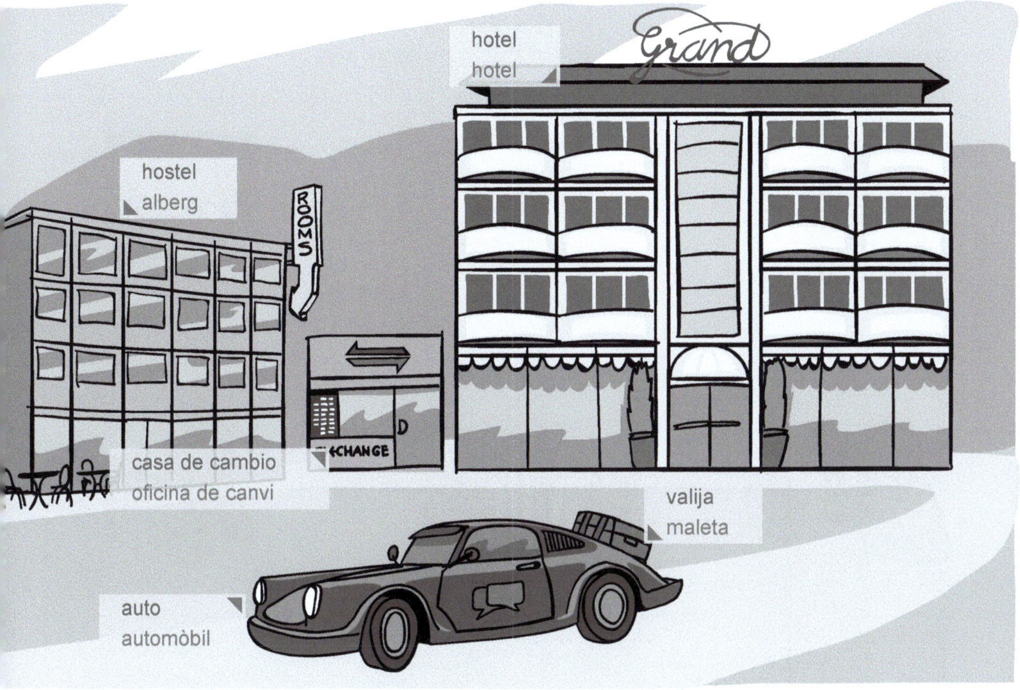

hotel
hotel

hostel
alberg

ROOMS

casa de cambio
oficina de canvi

EXCHANGE

valija
maleta

auto
automòbil

idioma

sí / no

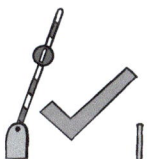

Está bien

llengua

sí / no

D'acord

hola

traductor

Gracias

Ey!

traductora

gràcies

¿cuánto cuesta...?

Quant costa... ?

No entiendo

No entenc

problema

problema

¡Buenas tardes!

Bona nit!

¡Buenos días!

bon dia!

¡Buenas noches!

bona nit!

adiós

fins aviat

dirección

direcció

equipaje

bagatge

bolso

bossa

mochila

sarrona

invitado

convidat

habitación

cambra

bolsa de dormir

sac de dormir

carpa

tenda

información turística

oficina de turisme

playa

platja

tarjeta de crédito

carta de crèdit

desayuno

esmorzar

almuerzo

dinar

cena

sopar

pasaje

bitllet

ascensor

ascensor

sello

segell

frontera

frontera

aduana

duana

embajada

ambaixada

visa

visat

pasaporte

passaport

viaje - viatge

transporte
transport

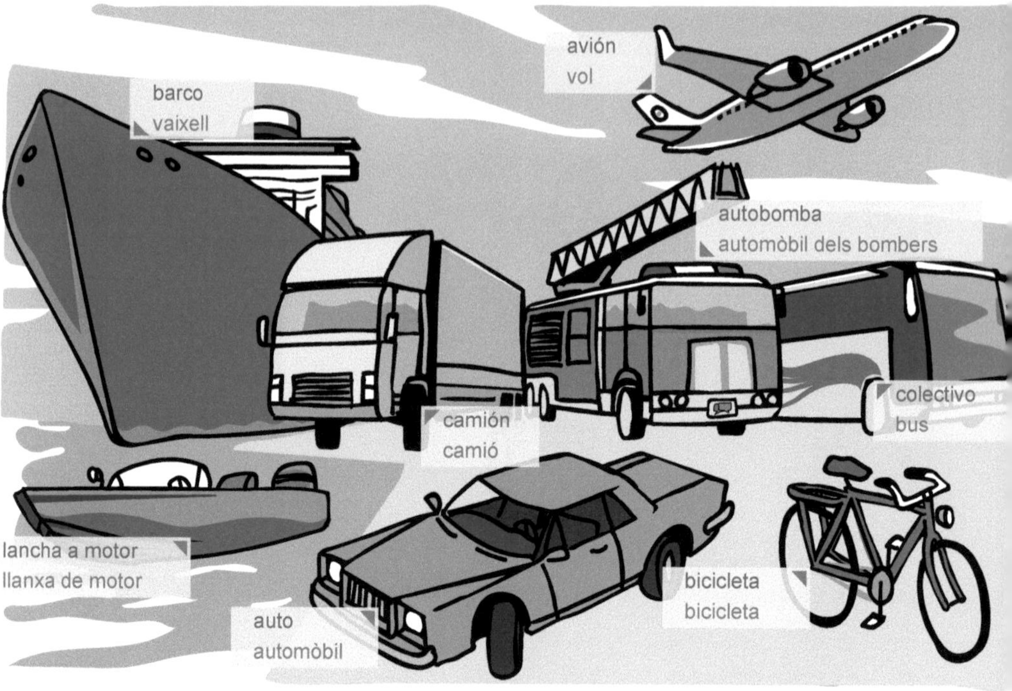
avión
vol
barco
vaixell
autobomba
automòbil dels bombers
camión
camió
colectivo
bus
lancha a motor
llanxa de motor
bicicleta
bicicleta
auto
automòbil

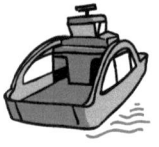

ferry

transbordador

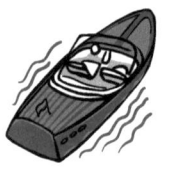

bote

barca

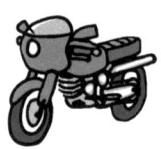

moto

moto

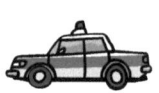

patrullero

automòbil de policia

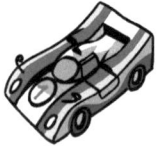

auto de carreras

automòbil de curses

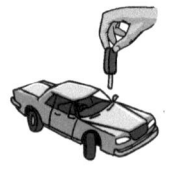

auto de alquiler

automòbil de lloguer

alquiler de autos

vehicle compartit

grúa

grua

camión de basura

camió de les escombraries

motor

motor

nafta

benzina

estación de servicio

benzineria

señal de tránsito

senyal de trànsit

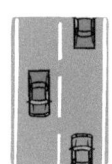

tránsito

trànsit

embotellamiento

embús

estacionamiento

aparcament

estación de tren

estació de trens

vías

vies

tren

tren

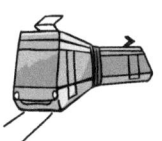

tranvía

tramvia

vagón

vagó

helicóptero

helicòpter

aeropuerto

aeroport

torre

torre

pasajero

passatger

contenedor

contenidor

caja de cartón

capsa de cartó

carretilla

carretó

canasta

cistella

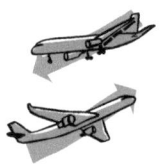

despegar / aterrizar

enlairar-se / aterrar

ciudad
ciutat

pueblo

poble

centro de ciudad

centre de la ciutat

casa

casa

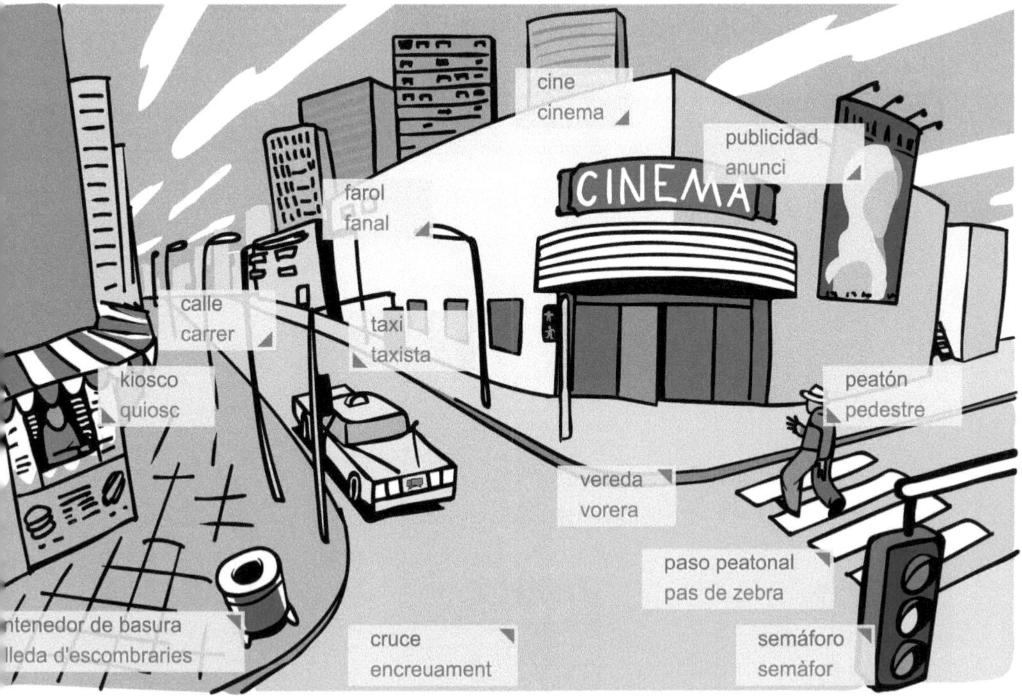

cine
cinema

publicidad
anunci

farol
fanal

calle
carrer

taxi
taxista

kiosco
quiosc

peatón
pedestre

vereda
vorera

paso peatonal
pas de zebra

ntenedor de basura
lleda d'escombraries

cruce
encreuament

semáforo
semàfor

cabaña
cabana

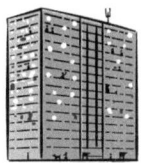

departamento
apartament

estación de tren
estació de trens

municipalidad
casa de la vila-ciutat

museo
museu

colegio
escola

universidad

universitat

banco

banca

hospital

hospital

hotel

hotel

farmacia

farmàcia

oficina

oficina

librería

llibreria

negocio

botiga

florería

floristeria

supermercado

supermercat

mercado

mercat

grandes tiendas

gran magatzem

pescadería

peixateria

centro comercial

centre comercial

puerto

port

parque
parc

banco
banc

puente
pont

escaleras
escala

subte
metro

túnel
túnel

parada del colectivo
parada d'autobús

bar
bar

restaurante
restaurant

buzón
bústia de correu

letrero
senyal indicador

parquímetro
parquímetre

zoológico
zoo

pileta
piscina

mezquita
mesquita

ciudad - ciutat

granja

granja

contaminación

pol·lució

cementerio

cementiri

iglesia

església

juegos infantiles

parc infantil

templo

temple

paisaje
paisatge

hoja
fulla

poste indicador
cartell indicador

camino
camí

pradera
prat

piedra
pedra

excursionista
excursionista

árbol
arbre

río
riu

hierba
gespa

flor
flor

valle
vall

montaña
muntanya

lago
llac

bosque
bosc

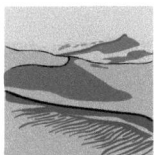

desierto
desert

volcán
volcà

castillo
castell

arco iris
arc de Sant Martí

champiñón
bolet

palmera
palmera

mosquito
moscard

mosca
mosca

hormiga
formiga

abeja
abella

araña
aranya

paisaje - paisatge

escarabajo

escarabat

rana

granota

ardilla

esquirol

erizo

erizó

liebre

llebre

lechuza

òliba

pájaro

ocell

cisne

cigne

jabalí

senglar

ciervo

cervo

alce

ant

presa

presa

aerogenerador

turbina

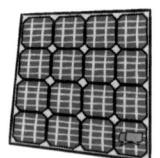

panel solar

panell solar

clima

clima

restaurante
restaurant

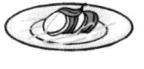

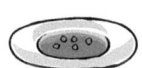

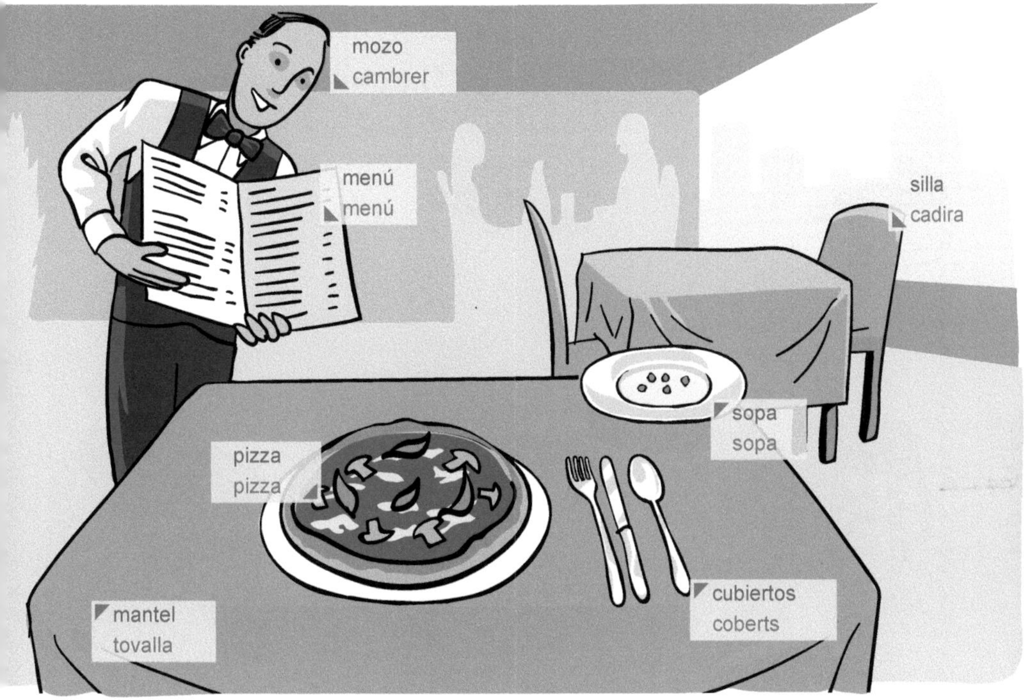

mozo
cambrer
menú
menú
silla
cadira
sopa
sopa
pizza
pizza
mantel
tovalla
cubiertos
coberts

entrada

primer plat

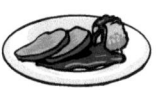

plato principal

plat principal

postre

darreries

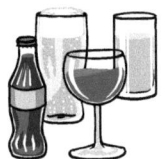

bebidas

begudes

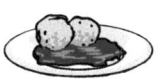

comida

menjar

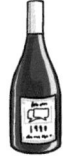

botella

ampolla

comida rápida
menjar ràpid

comida callejera
menjar de carrer

tetera
tetera

azucarera
sucrer

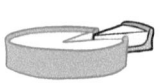

porción
porció

cafetera expreso
màquina d'espresso

sillita alta
trona

cuenta
factura

bandeja
plata

cuchillo
ganivet

tenedor
forqueta

cuchara
cullera

cucharita
cullereta

servilleta
tovalló

vaso
got

restaurante - restaurant

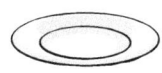

plato

plat

plato hondo

plat de sopa

plato

plateret

salsa

salsa

salero

saler

molinillo de pimienta

molinet de pebre

vinagre

vinagre

aceite

oli

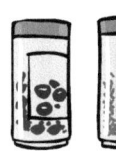

especias

espècies

kétchup

quètxup

mostaza

mostassa

mayonesa

maionesa

supermercado
supermercat

oferta especial
oferta especial
FOR
cliente
client
lácteos
productes lactis
fruta
fruites
changuito
carret de la compra

BUTCHERS

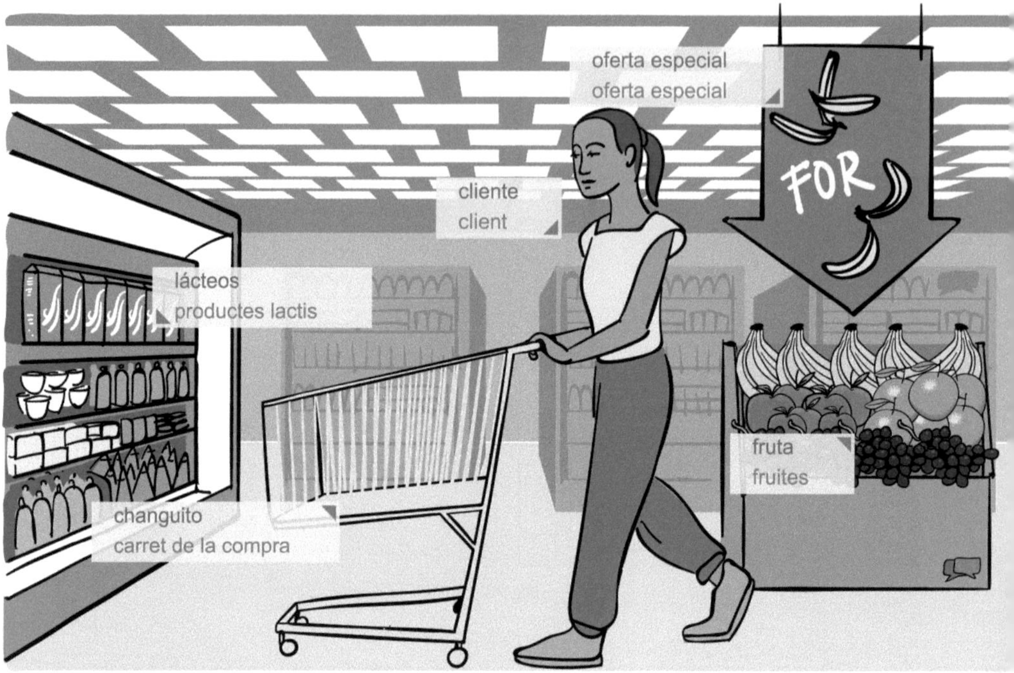

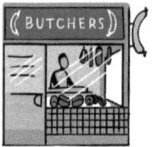

carnicería

carnisseria

BAKERY

panadería

forn de pa

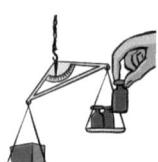

pesar

pesar

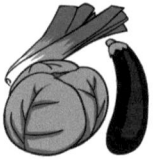

verduras

verdures

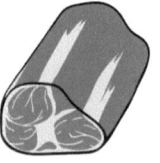

carne

carn

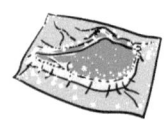

alimentos congelados

menjar congelat

fiambres

carn freda

alimentos enlatados

conserves

detergente en polvo

detergent en pols

golosinas

dolços

electrodomésticos

articles domèstics

productos de limpieza

productes de neteja

vendedora

venedora

caja

caixa registradora

cajero

caixera

lista de compras

llista de la compra

horario de atención

horari d'obertura

billetera

portamonedes

tarjeta de crédito

carta de crèdit

cartera

bossa

bolsa de plástico

bossa de plàstic

agua

aigua

jugo

suc

leche

llet

bebida cola

coca-cola

vino

vi

cerveza

cervesa

alcohol

alcohol

cacao

cacau

té

te

café

cafè

café expreso

espresso

cappuccino

cappuccino

banana

banana

manzana

poma

naranja

taronja

melón

síndria

limón

llimona

zanahoria

pastanaga

ajo

all

bambú

bambú

cebolla

ceba

champiñón

bolet

nueces

avellanes

fideos

fideus

tallarines

espaguetis

arroz

arròs

ensalada

amanida

papas fritas

patates fregides

papas fritas

patates fregides

pizza

pizza

hamburguesa

hamburguesa

sándwich

entrepà

churrasco

escalopa

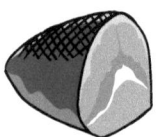

jamón

cuixot

salame

salami

salchicha

salsitxa

pollo

pollastre

asado

rostit

pescado

peix

copos de avena

flocs de civada

muesli

musli

copos de maíz

cereals

harina

farina

medialuna

croissant

pancito

panet

pan

pa

tostada

torrada

galletitas

bescuits

manteca

mantega

cuajada

mató

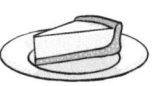

torta

pastís

huevo

ou

huevo frito

ou fregit

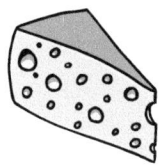

queso

formatge

helado

gelat

azúcar

sucre

miel

mel

mermelada

melmelada

pasta de chocolate

crema de xocolata

curry

curri

granja
granja

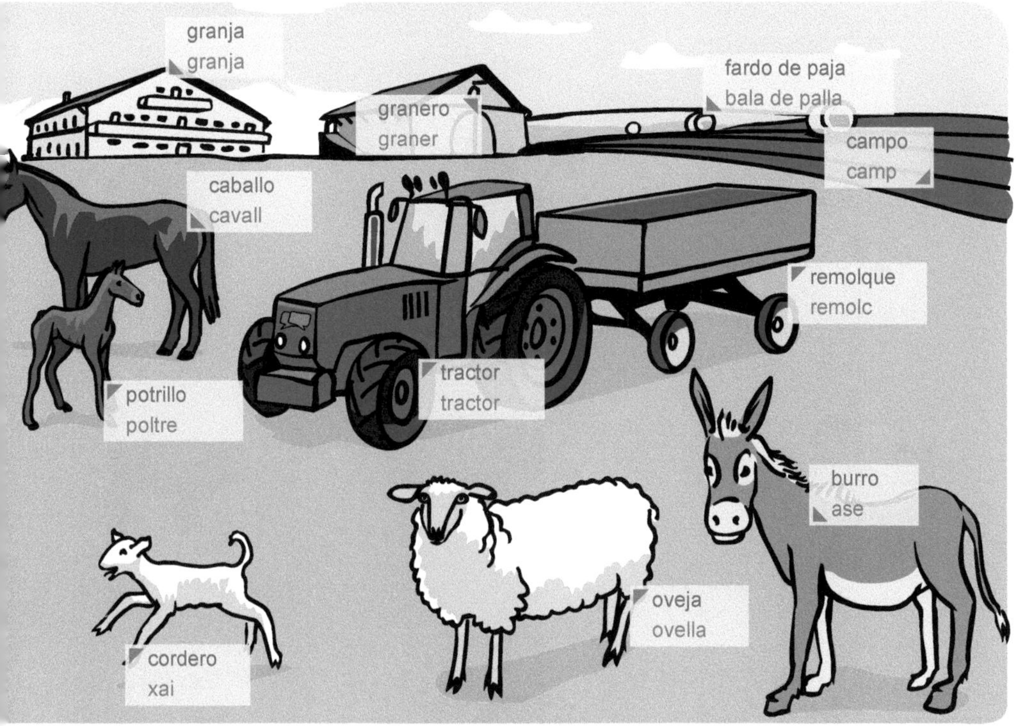

granja
granja
granero
graner
fardo de paja
bala de palla
campo
camp
caballo
cavall
remolque
remolc
tractor
tractor
potrillo
poltre
burro
ase
oveja
ovella
cordero
xai

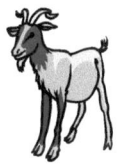

cabra
....
cabra

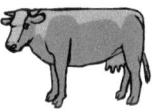

vaca
....
vaca

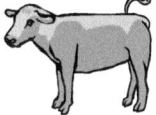

ternero
....
vedella

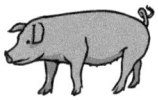

cerdo
....
porc

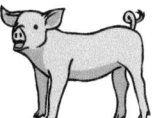

lechón
....
garrí

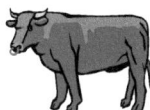

toro
....
bou

ganso
oca

pato
ànec

pollo
poll

gallina
gall

gallo
gallina

rata
rata

gato
gat

ratón
ratolí

buey
bou

perro
gos

cucha
gossera

manguera
mànega de regar

regadera
regadora

guadaña
dalla

arado
arada

hoz

falç

azada

aixada

horquilla

forca

hacha

destral

carretilla

carretó

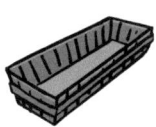

abrevadero

abeurador

lechera

lletera

bolsa

sac

reja

tanca

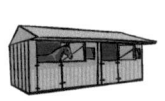

establo

establa

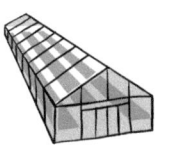

invernadero

hivernacle

suelo

sòl

semilla

llavor

fertilizador

adob

cosechadora

collidora

granja - granja

cosechar

collir

cosecha

collita

batatas

nyam

trigo

blat

soja

soja

papa

patata

maíz

blat de moro o d'indi

semilla de colza

colza

árbol frutal

arbre fruiter

mandioca

mandioca

cereales

cereals

casa
casa

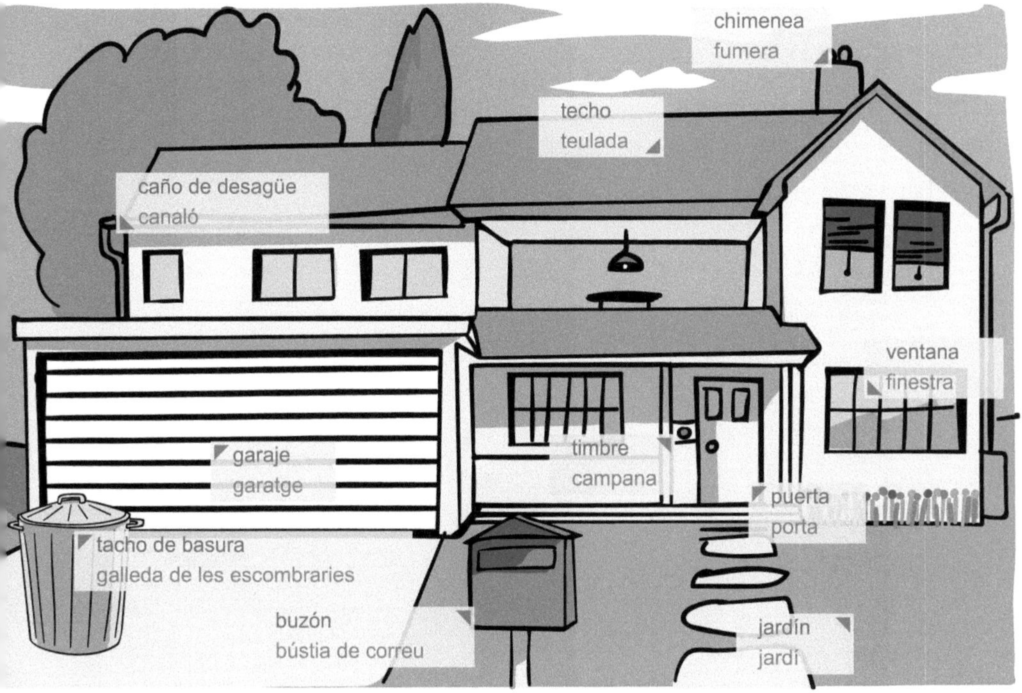
chimenea
fumera
techo
teulada
caño de desagüe
canaló
ventana
finestra
timbre
campana
garaje
garatge
puerta
porta
tacho de basura
galleda de les escombraries
buzón
bústia de correu
jardín
jardí

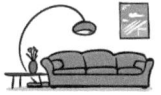

living

sala d'estar

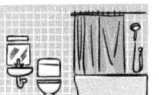

baño

bany

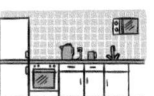

cocina

cuina

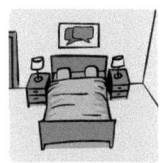

dormitorio

cambra de dormir

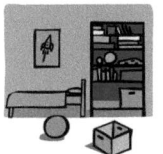

cuarto de los chicos

cambra de nen

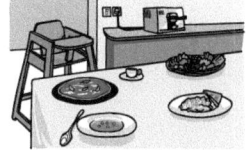

comedor

menjador

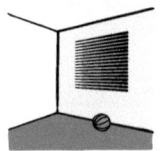

piso

sòl

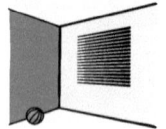

pared

paret

cielorraso

sostre

sótano

soterrani

sauna

sauna

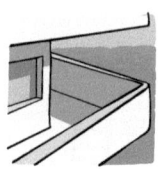

balcón

balcó

terraza

terrassa

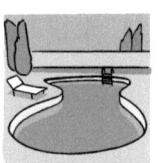

pileta

piscina

cortadora de pasto

tallagespa

sábana

vànova

acolchado

cobrellit

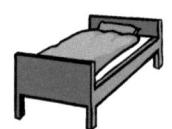

cama

llit

escoba

escombra

balde

galleda

interruptor

interruptor

living

sala d'estar

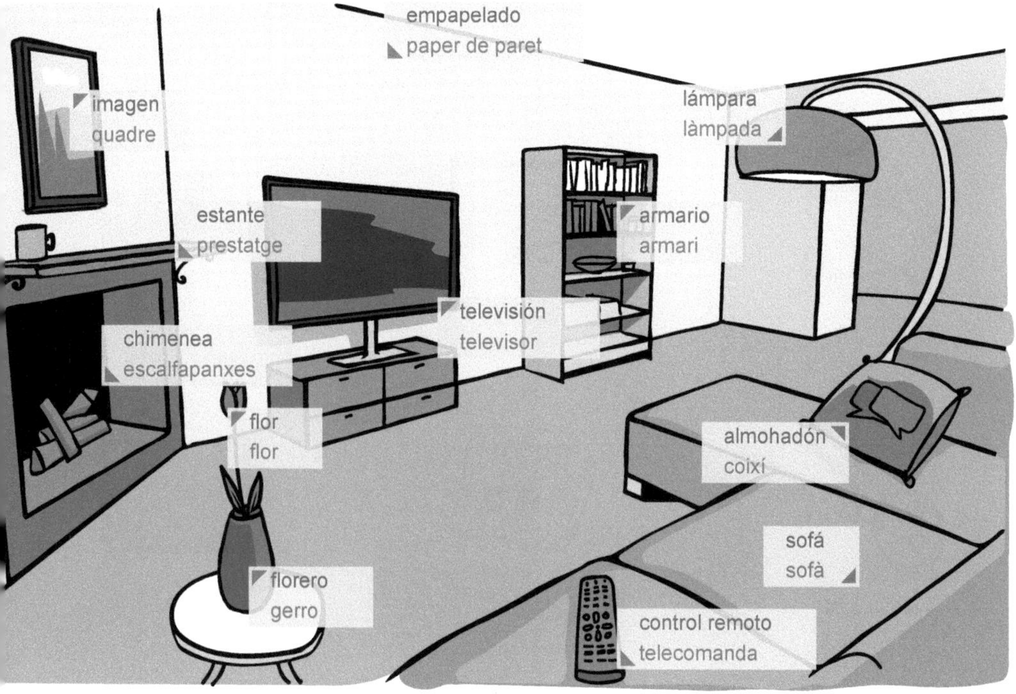
empapelado
paper de paret
imagen
quadre
lámpara
làmpada
estante
prestatge
armario
armari
televisión
televisor
chimenea
escalfapanxes
flor
flor
almohadón
coixí
sofá
sofà
florero
gerro
control remoto
telecomanda

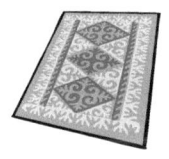

alfombra

catifa

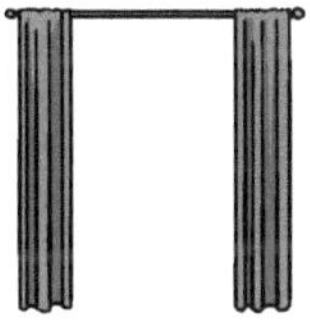

cortina

cortina

mesa

taula

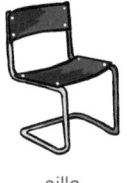

silla

cadira

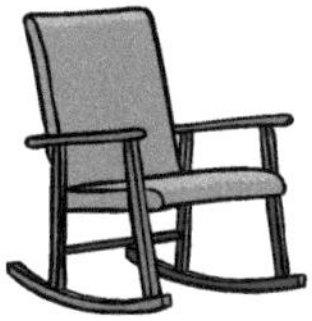

mecedora

cadira gronxadora

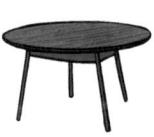

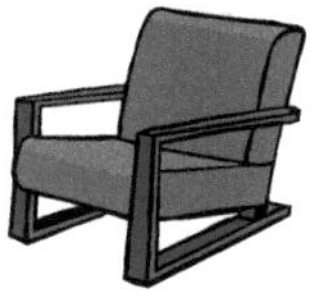

sillón

cadiral

libro
llibre

frazada
llençol

decoración
decoració

leña
llenya

película
film

equipo de música
cadena de música

llave
clau

diario
diari

pintura
pintura

póster
cartell

radio
ràdio

cuaderno
bloc de notes

aspiradora
aspiradora

cactus
cactus

vela
candela

cocina
cuina

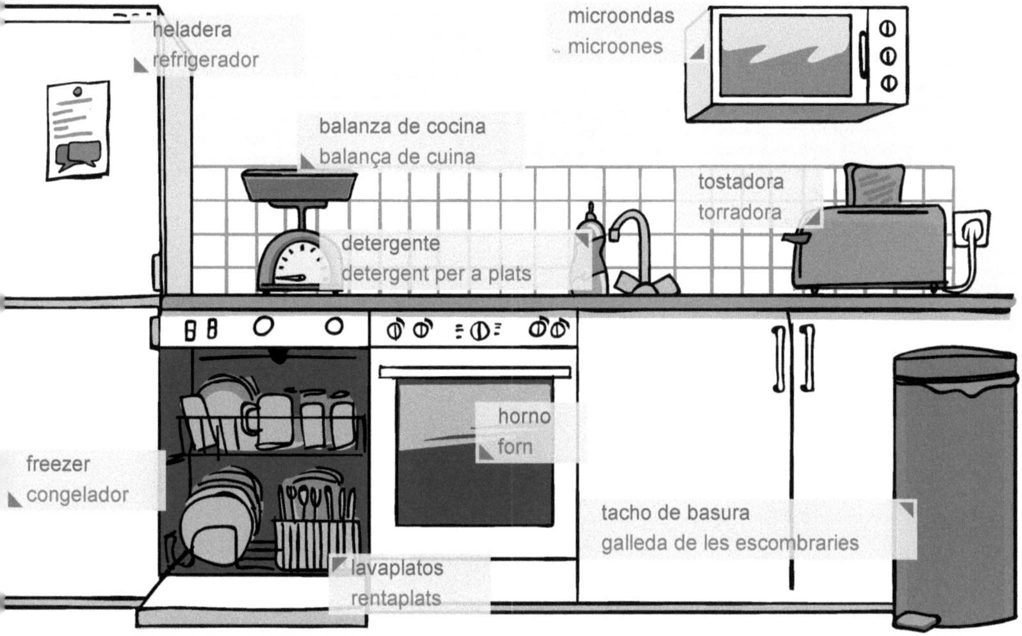
heladera
refrigerador
microondas
microones
balanza de cocina
balança de cuina
tostadora
torradora
detergente
detergent per a plats
horno
forn
freezer
congelador
tacho de basura
galleda de les escombraries
lavaplatos
rentaplats

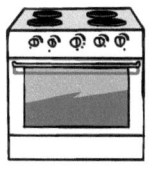

cocina

cuina de fogons

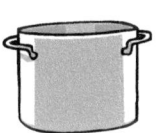

olla

olla

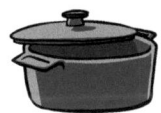

olla de hierro fundido

olla de ferro colat

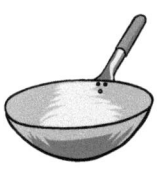

wok

wok / karahi

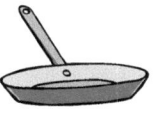

sartén

paella

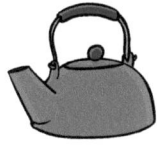

pava

bullidor

vaporera

olla de vapor

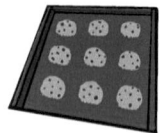

bandeja de horno

plata de forn

vajilla

vaixella

taza

tassa grossa

bol

bol

palitos

bastonets xinesos

cucharón

culler

estpátula

espàtula

batidora

batedor

colador

colador

colador

sedàs

rallador

ratllador

mortero

morter

parrilla

barbacoa

fogata

foc a terra

cocina - cuina

tabla de picar

taula de tallar

palo de amasar

corró

sacacorchos

llevataps

lata

pot de conserva

abrelatas

obridor

manopla

agafador

pileta

aigüera

cepillo

raspall

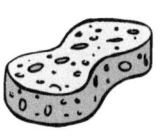

esponja

esponja

batidora

batedora

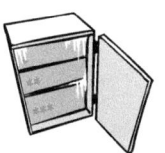

congelador

congelador

mamadera

biberó

canilla

aixeta

baño

bany

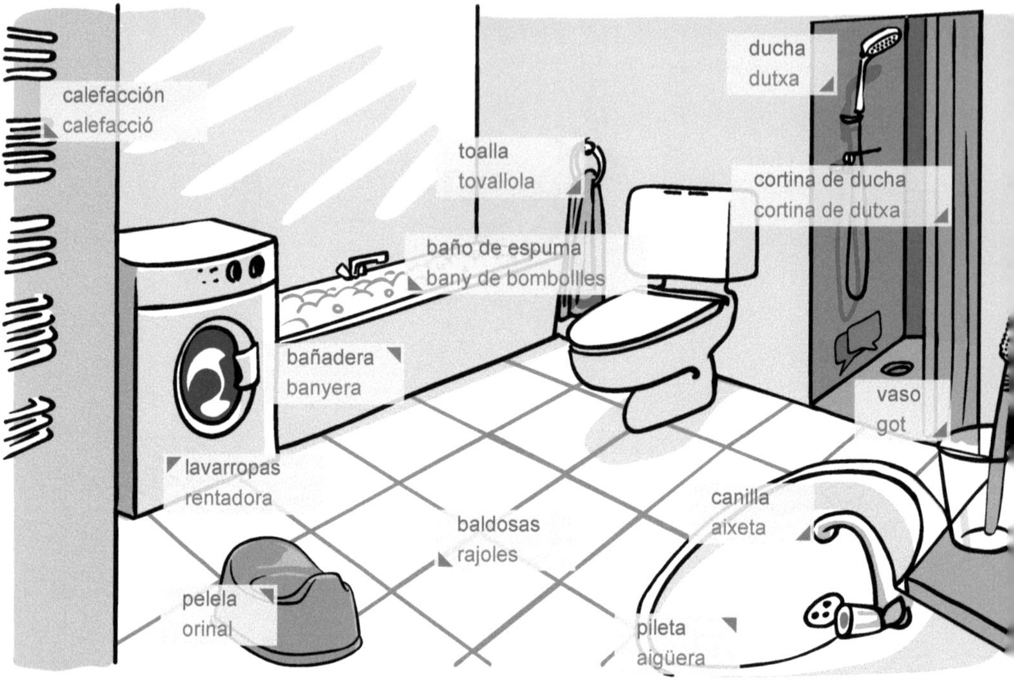
calefacción
calefacció
toalla
tovallola
ducha
dutxa
cortina de ducha
cortina de dutxa
baño de espuma
bany de bombolles
bañadera
banyera
vaso
got
lavarropas
rentadora
canilla
aixeta
baldosas
rajoles
pelela
orinal
pileta
aigüera

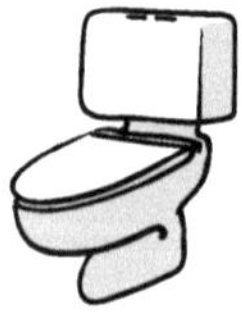

inodoro
lavabo

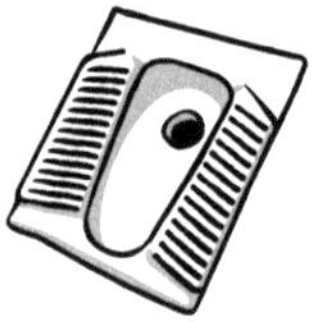

letrina
lavabo turc

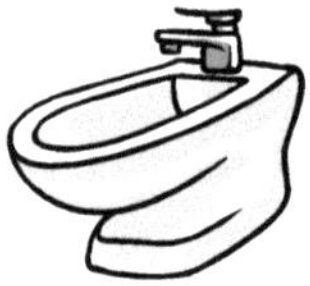

bidé
bidet

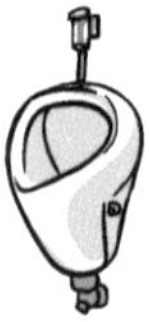

mingitorio
orinador

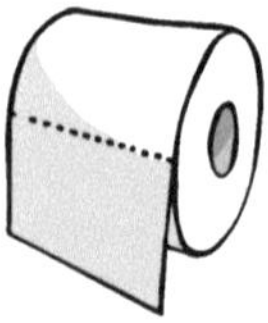

papel higiénico
paper higiènic

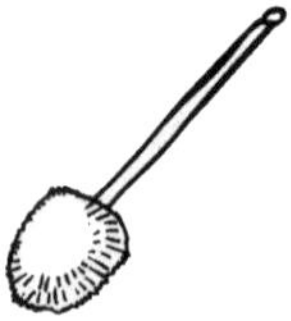

cepillo para el inodoro
escombreta de sanitari

cepillo de dientes

raspall de dents

dentífrico

pasta de dents

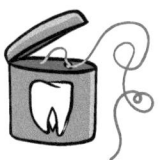

hilo dental

fil dental

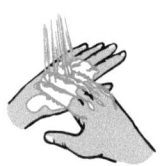

lavar

rentar

ducha de mano

pom de dutxa

ducha higiénica

dutxa íntima

palangana

rentamans

cepillo para espalda

raspall per a l'esquena

jabón

sabó

gel de ducha

gel de dutxa

shampoo

xampú

toallita

manyopla de bany

desagüe

bonera

crema

crema

desodorante

desodorant

espejo

mirall

espejito

mirall-espill de mà

maquinita de afeitar

maquineta de rasar

espuma de afeitar

espuma de barbejar

aftershave

loció post-rasada

peine

pinta

cepillo

raspall

secador de pelo

eixugador

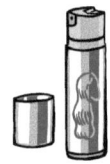

spray

laca

maquillaje

maquillatge

lápiz de labios

pintallavis

esmalte para uñas

esmalt d'ungles

algodón

cotó

tijera para uñas

tallaungles

perfume

perfum

portacosméticos
estoig de bellesa

banqueta
tamboret

balanza
bàscula

bata
barnús

guantes de goma
guants de goma

tampón
compresa higiènica

toallita femenina
compresa

baño químico
sanitari químic

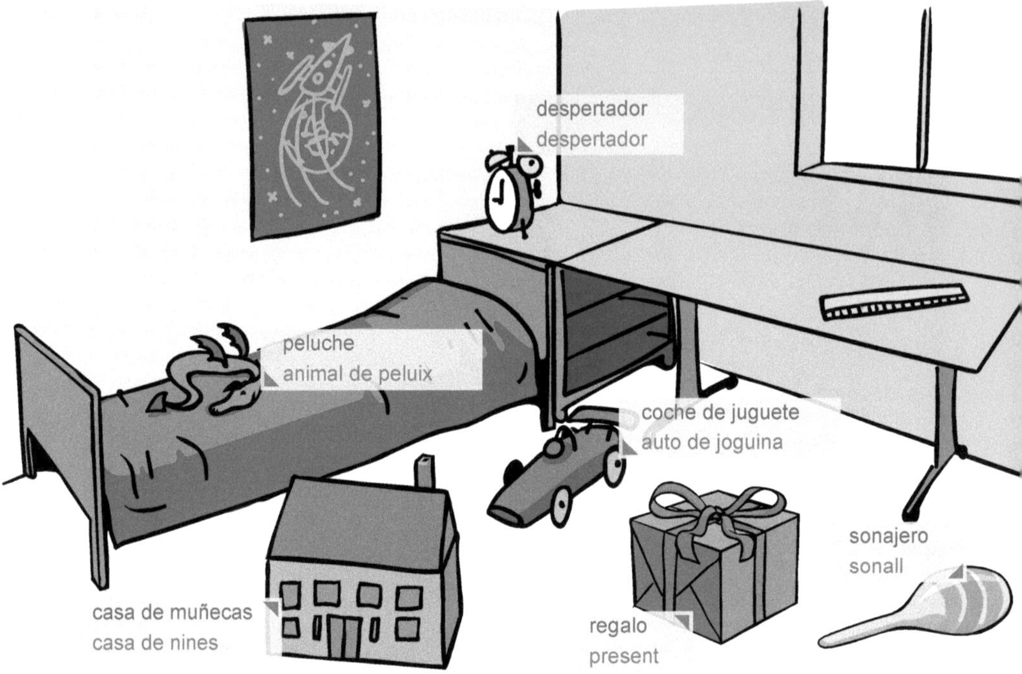

despertador
despertador

peluche
animal de peluix

coche de juguete
auto de joguina

casa de muñecas
casa de nines

regalo
present

sonajero
sonall

globo
baló

cama
llit

cochecito
cotxet per a nens

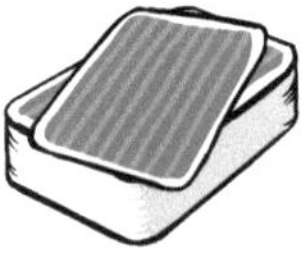

cartas
joc de cartes

rompecabezas
trencaclosca

historieta
historieta

piezas de lego

peces de lego

ladrillos de juguete

peces de construcció

figura de acción

ninot d'acció

enterito (de bebé)

granota

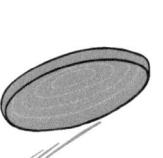

frisbee

frisbee

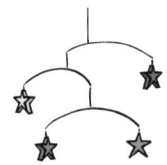

móvil para bebés

mòbil per a bressol

juego de mesa

joc de taula

dados

daus

tren eléctrico

tren elèctric

chupete

xumet

fiesta

festa

libro de cuentos ilustrado

llibre de dibuixos

pelota

pilota

muñeca

nina

jugar

jugar

arenero

sorrera

hamaca

gronxador

juguetes

joguines

consola de videojuegos

consola de jocs de vídeo

triciclo

tricicle

osito de peluche

osset de peluix

armario

armari

ropa
roba

medias

mitjons

medias panty

mitges

calzas

mitja pantaló

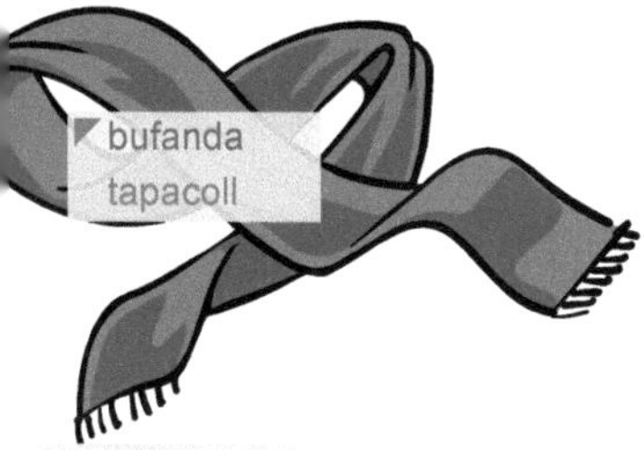

bufanda
tapacoll

paraguas
paraigua

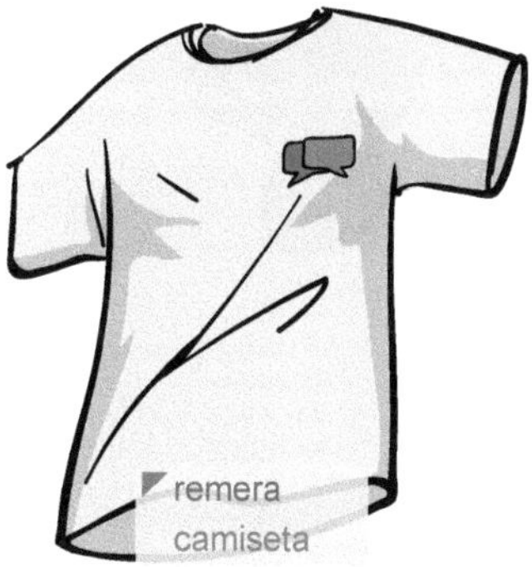

remera
camiseta

cinturón
cintura

pantuflas
plantofes

botas
botes

zapatillas
sabates d'esport

sandalias
·················
sandàlies

zapatos
·················
sabates

botas de goma
·················
botes de goma

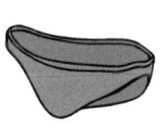

ropa interior
·················
calçonets

corpiño
·················
sostenidor

chaleco
·················
guardapits

body

jjustacòs

pantalones

pantalons

jeans

jeans

pollera

faldeta

blusa

brusa

camisa

camisa

pulóver

jersei

buzo

dessuadora

blazer

blazer

campera

jaqueta

tapado

mantell

piloto

impermeable

traje

vestit de dona

vestido

vestit de dona

vestido de novia

vestit de núvia

traje

vestit d'home

camisón

camisa de dormir

pijama

pijama

sari

sari

pañuelo para cabeza

mocador de cap

turbante

turbant

burka

burca

caftán

caftan

abaya

abaia

traje de baño

vestit de bany

short de baño

calçon(et)s de bany

shorts

pantalons curts

jogging

xandall

delantal

davantal

guantes

guants

botón

botó

anteojos

ulleres

pulsera

braçalet

collar

collaret

anillo

anell

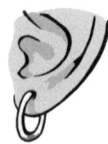

aro

orellera

gorra

casquet

percha

penjador

sombrero

capell

corbata

corbata

cierre

cremallera

casco

casc

tiradores

elàstics

uniforme escolar

uniforme escolar

uniforme

uniforme

babero
....
pitet

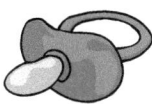

chupete
....
xumet

pañal
....
bolquer

servidor
servidor

archivero
armari arxivador

impresora
impressora

monitor
monitor

papel
paper

mouse
ratolí

escritorio
escriptori

carpeta
arxivador

teclado
teclat

tacho (de basura)
paperera

silla
cadira

computadora
ordinador

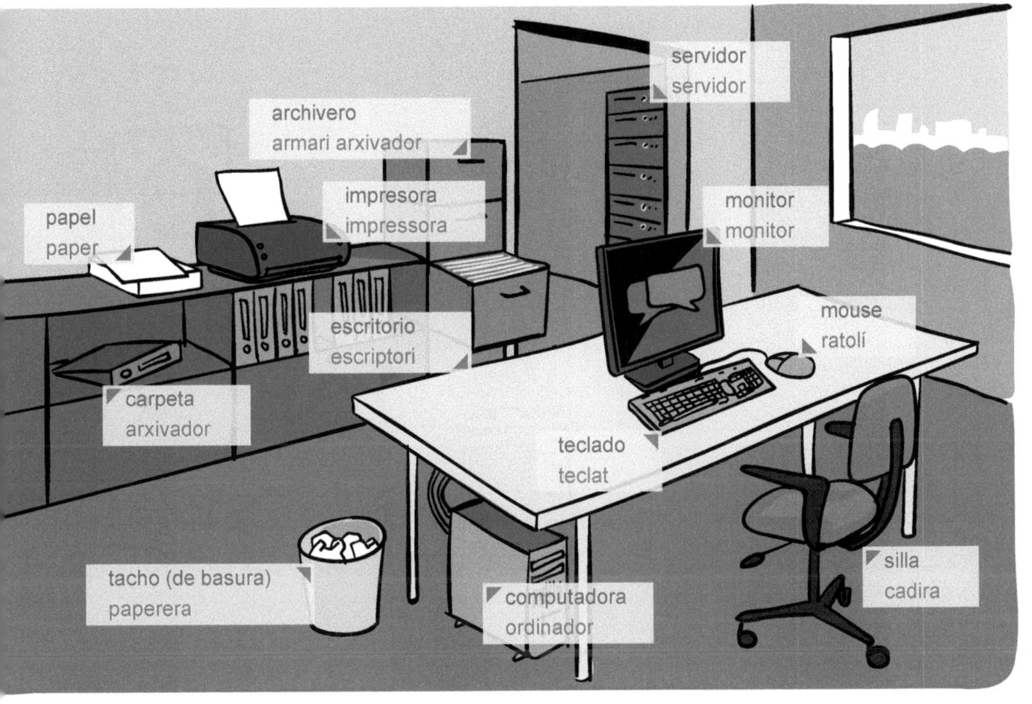

taza de café
....
tassa de cafè

calculadora
....
calculadora

internet
....
Internet

oficina - oficina

49

laptop

ordinador portàtil

carta

lletra

mensaje

missatge

celular

mòbil

red

xarxa

fotocopiadora

fotocopiadora

software

programari

teléfono

telèfon

tomacorriente

presa de corrent

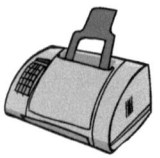

fax

fax

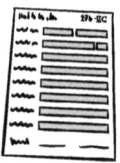

formulario

formulari

documento

document

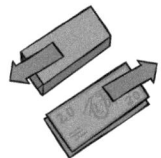

comprar
....
comprar

pagar
....
pagar

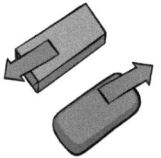

hacer negocios
....
comerciar

dinero
....
diners

 USD

dólar
....
dòlar

 EUR

euro
....
euro

 JPY

yen
....
ien

 RUB

rublo
....
ruble

 CHF

franco suizo
....
franc suís

 CNY

yuan
....
renminbi

 INR

rupia
....
rupia

cajero automático
....
caixa automàtica

casa de cambio

oficina de canvi

oro

or

plata

argent

petróleo

petroli

energía

energia

precio

preu

contrato

contracte

impuesto

impost

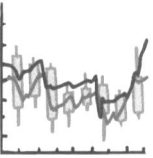

acción

acció

trabajar

treballar

empleado

treballador

empleador

empresari

fábrica

fàbrica

negocio

botiga

economía - economia

ocupaciones
oficis

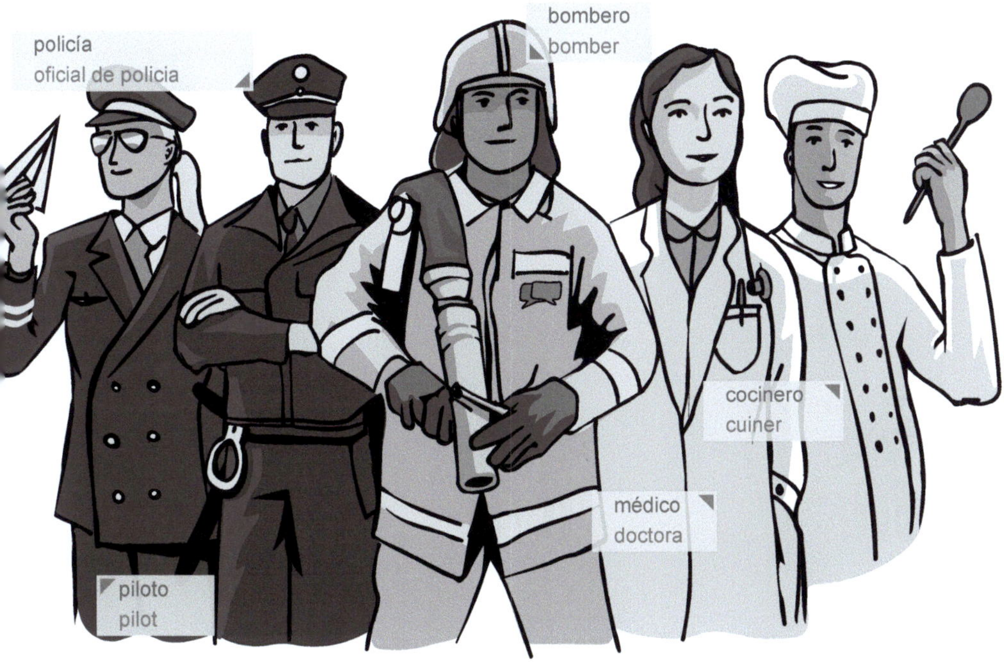
policía
oficial de policia
bombero
bomber
cocinero
cuiner
médico
doctora
piloto
pilot

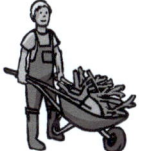

jardinero

jardiner

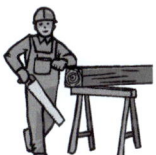

carpintero

fuster

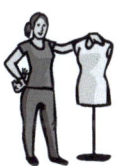

modista

costurera

juez

jutge

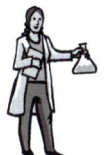

farmacéutico

química

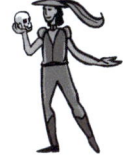

actor

actor

colectivero

conductor d'autobús

taxista

taxista

pescador

pescador

mucama

dona de la neteja

techista

ensostrador

mozo

cambrer

cazador

caçador

pintor

pintor

panadero

forner

electricista

electricista

albañil

obrer de la construcció

ingeniero

enginyer

carnicero

carnisser

plomero

llanterner

cartero

correu

ocupaciones - oficis

soldado

soldat

arquitecto

arquitecte

cajero

caixera

florista

florista

peluquero

perruquer

cobrador

revisor

mecánico

mecànic

capitán

capità

dentista

dentista

científico

científic

rabino

rabí

imán

imam

monje

monjo

sacerdote

capellà

herramientas
eines

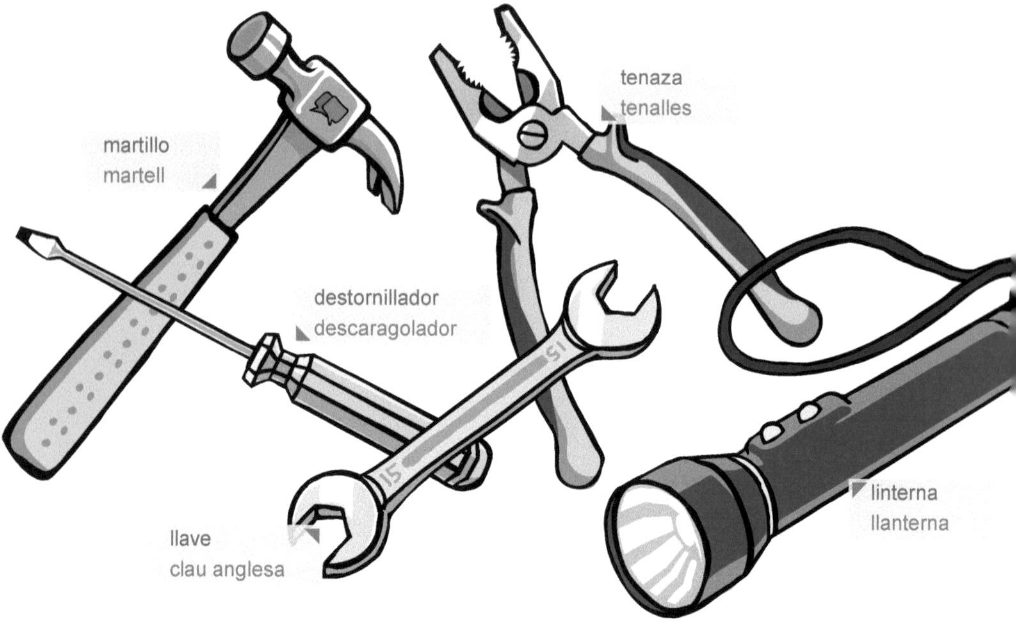
tenaza
tenalles
martillo
martell
destornillador
descaragolador
linterna
llanterna
llave
clau anglesa

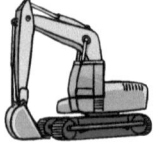

excavadora

excavadora

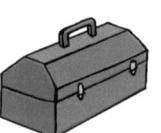

caja de herramientas

caixa d'eines

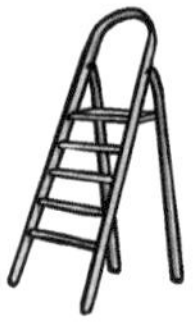

escalera portátil

escala

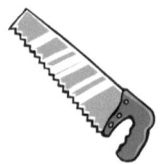

sierra

serra

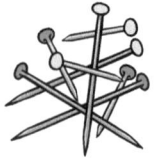

clavos

claus

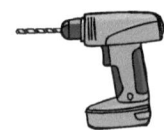

taladro

trepant

arreglar
reparar

pala de jardín
pala

¡Qué bronca!
Maleït siga!

pala de plástico
pala

tacho de pintura
pot de pintura

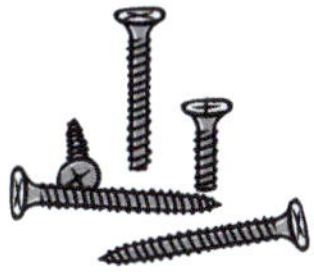

tornillos
caragols

instrumentos musicales
instrument de música

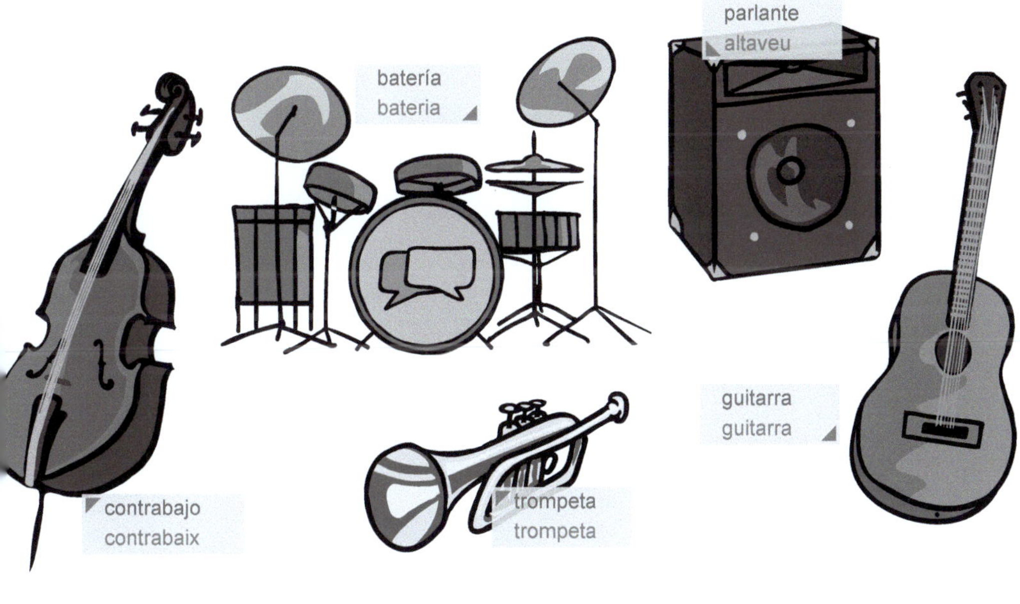

batería
bateria

parlante
altaveu

guitarra
guitarra

contrabajo
contrabaix

trompeta
trompeta

piano
piano

violín
violí

bajo
baix

timbales
timbal

tambor
tambor

teclado
teclat

saxofón
saxofon

flauta
flauta

micrófono
micròfon

zoológico

zoo

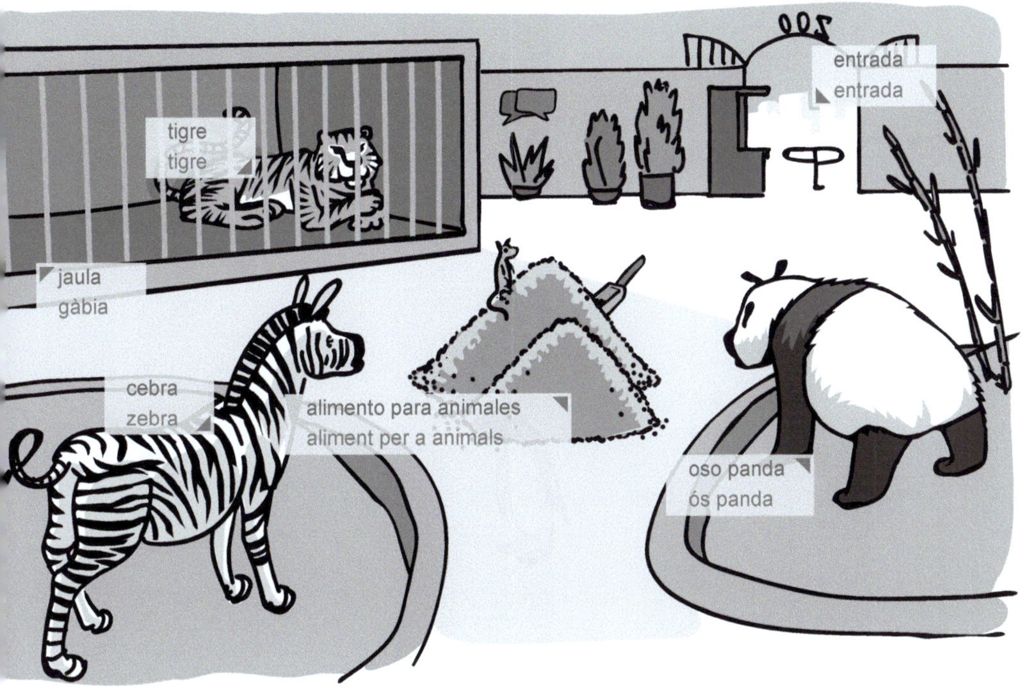
entrada
entrada
tigre
tigre
jaula
gàbia
cebra
zebra
alimento para animales
aliment per a animals
oso panda
ós panda

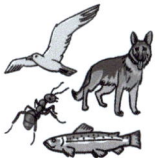

animales

animals

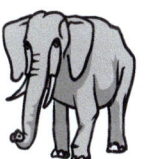

elefante

elefant

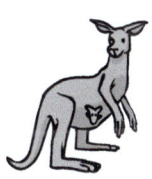

canguro

cangurú

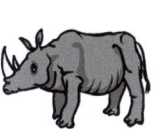

rinoceronte

rinoceront

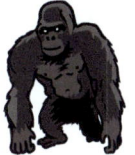

gorila

goril·la

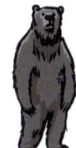

oso

ós

camello

camell

avestruz

estruç

león

lleó

mono

simi

flamenco

flamenc

loro

papagai

oso polar

ós polar

pingüino

pingüí

tiburón

ca mari

pavo real

paó

serpiente

serp

cocodrilo

cocodril

cuidador del zoológico

guardià del zoo

foca

foca

jaguar

jaguar

poni
poni

leopardo
lleopard

hipopótamo
hipopòtam

jirafa
girafa

águila
àliga

jabalí
senglar

pescado
peix

tortuga
tortuga

morsa
morsa

zorro
guineu

gacela
gasela

zoológico - zoo

fútbol americano
futbol americà

ciclismo
ciclisme

tenis
tenis

básquet
bàsquet

natación
natació

boxeo
boxa

hockey sobre hielo
hoquei sobre gel

fútbol
futbol americà

bádminton
bàdminton

atletismo
atletisme

handball
handbol

esquí
esquí

polo
polo

actividades
activitats

saltar
saltar
abrazar
abraçar
reír
riure
caminar
anar
cantar
cantar
soñar
somiar
rezar
pregar
besar
fer un petó

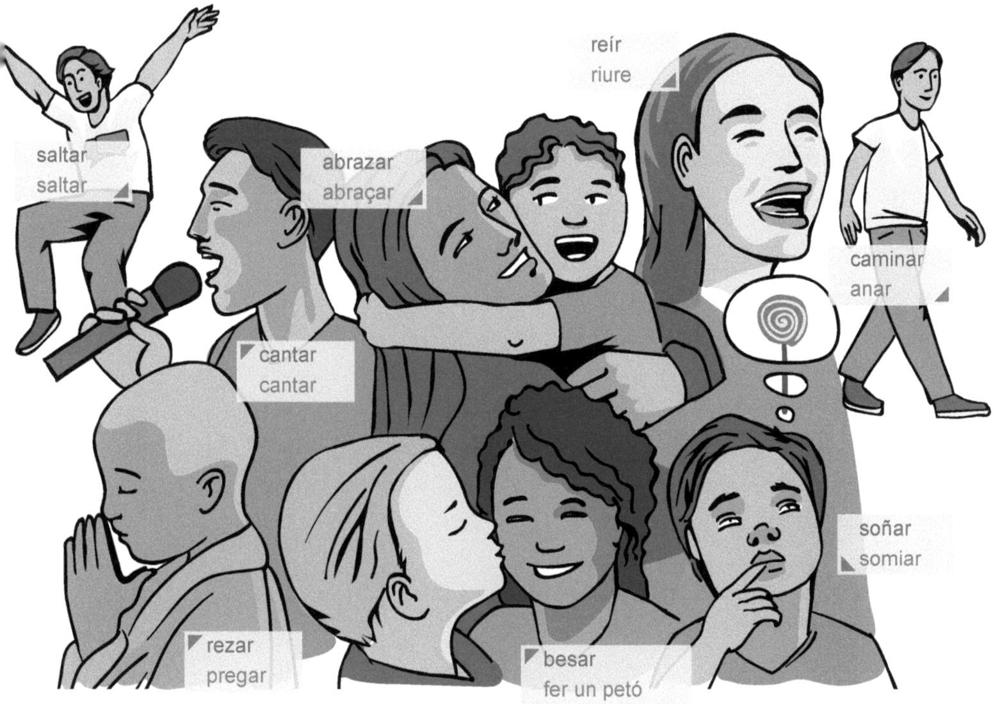

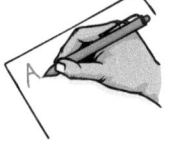

escribir
escriure

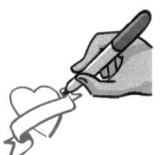

dibujar
dibuixar

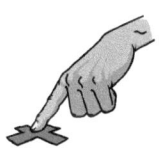

mostrar
mostrar

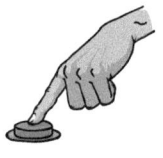

presionar
pitjar

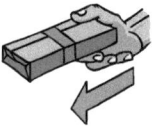

dar
donar

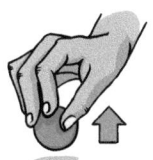

tomar
prendre

tener
tenir

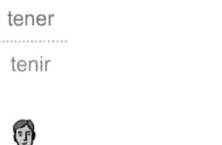

hacer
fer

ser
ésser

estar parado
estar dret

correr
córrer

tirar
estirar

tirar
llançar

caer
caure

estar acostado
jeure

esperar
esperar

llevar
portar

estar sentado
asseure's

vestirse
vestir-se

dormir
dormir

despertar
despertar-se

mirar
mirar

llorar
plorar

acariciar
amoixar

peinar
pentinar

hablar
parlar

entender
comprendre

preguntar
demanar

escuchar
escoltar

beber
beure

comer
menjar

ordenar
endreçar

amar
estimar

cocinar
cuinar

manejar
conduir

volar
volar

navegar
navegar

calcular
calcular

leer
llegir

aprender
aprendre

trabajar
treballar

casarse
casar-se

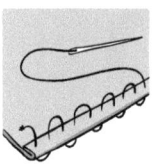

coser
cosir

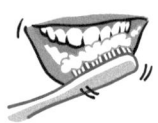

cepillarse los dientes
raspallar-se les dents

matar
matar

fumar
fumar

enviar
enviar

actividades - activitats

abuela
àvia

abuelo
avi

padre
pare

madre
mare

bebé
nadó

hija
filla

hijo
fill

invitado

convidat

tía

tia

tío

oncle

hermano

germà

hermana

germana

cuerpo

cos

frente
front
ojo
ull
cara
cara
pera
barbeta
pecho
pit
dedo
dit
mano
mà
brazo
braç
hombro
espatlla
pierna
cama

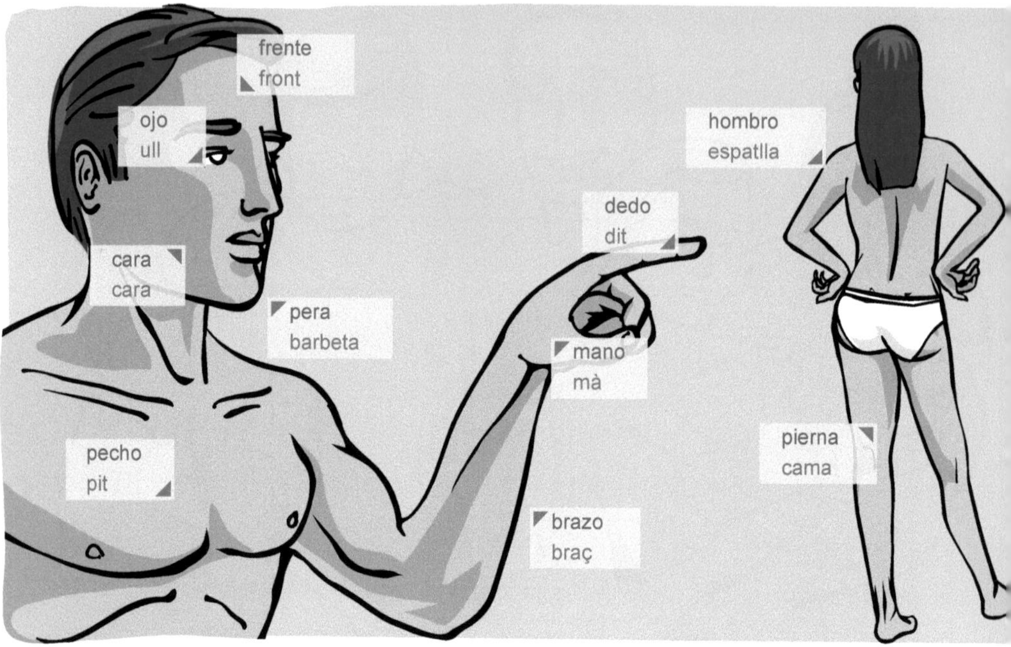

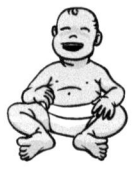

bebé

nadó

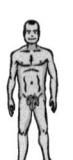

hombre

home

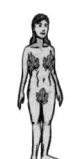

mujer

dona

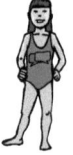

nena

noia

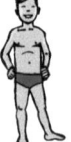

nene

noi

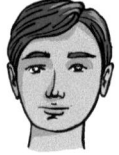

cabeza

cap

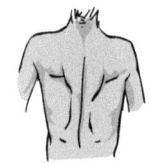

espalda

esquena

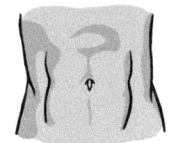

panza

panxa

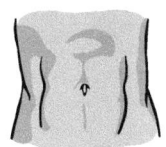

ombligo

melic

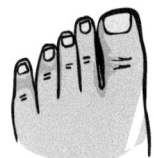

dedo del pie

dit gros del peu

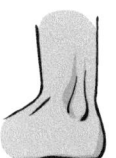

talón

taló

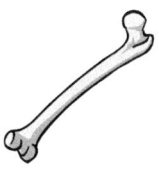

hueso

os

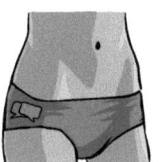

cadera

maluc

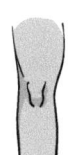

rodilla

genoll

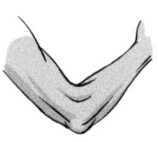

codo

colze

nariz

nas

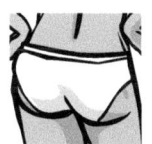

cola

cul

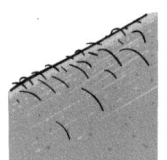

piel

pell

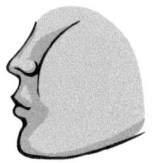

cachete

galta

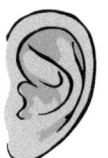

oreja

orella

labio

llavi

boca
boca

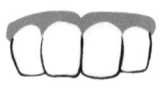

diente
dent

lengua
llengua

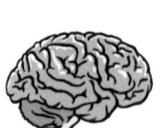

cerebro
cervell

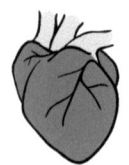

corazón
cor

músculo
múscul

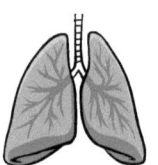

pulmón
pulmó

hígado
fetge

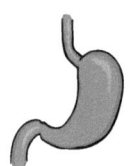

estómago
estómac

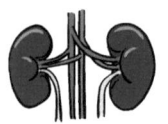

riñones
ronyó

sexo
relació sexual

preservativo
preservatiu

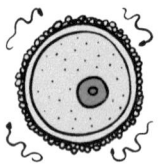

óvulo
ovari

semen
semen

embarazo
prenyat

cuerpo - cos

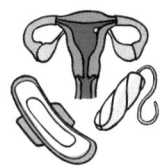

menstruación

menstruació

vagina

vagina

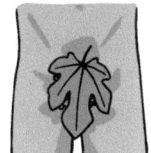

pene

penis

ceja

cella

pelo

cabells

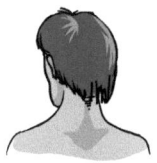

cuello

coll

hospital
hospital

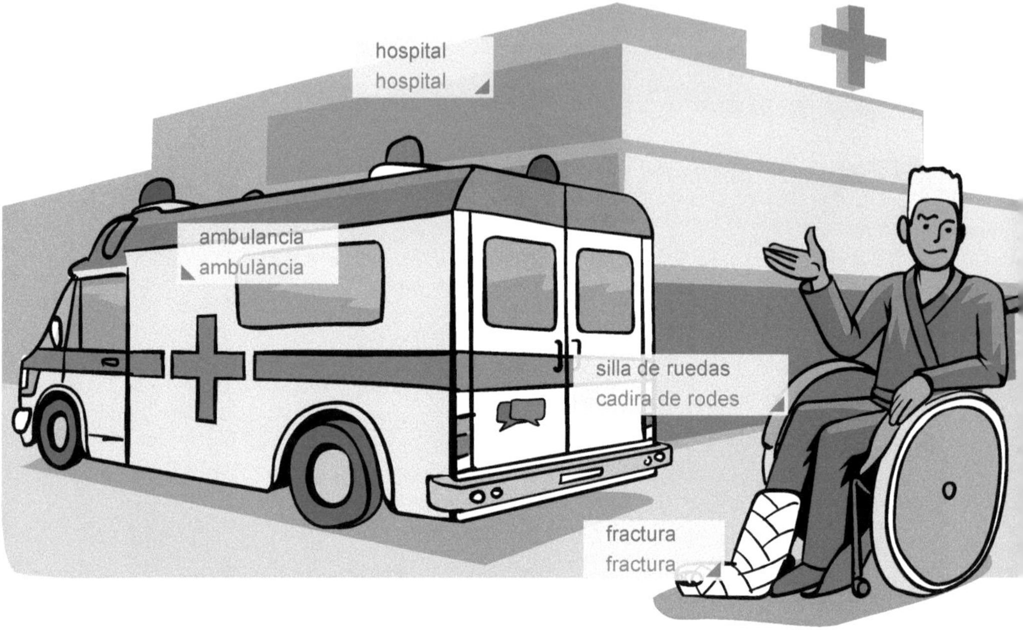

hospital
hospital
ambulancia
ambulància
silla de ruedas
cadira de rodes
fractura
fractura

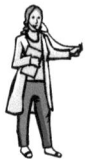

médico
doctora

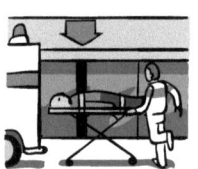

sala de guardia
sala d'urgències

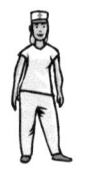

enfermera
infermera

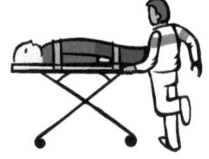

emergencia
urgència

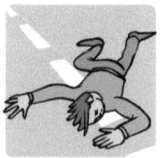

inconsciente
inconscient

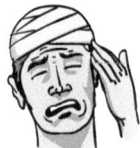

dolor
dolor

lesión
ferida

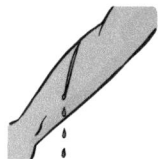

hemorragia
sagnament

infarto
atac de cor

ACV
apoplexia

alergia
al·lèrgia

tos
tos

fiebre
febre

gripe
gripa

diarrea
diarrea

dolor de cabeza
mal de cap

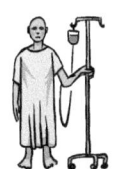

cáncer
càncer

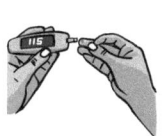

diabetes
diabetis

cirujano
cirurgià

bisturí
escalpel

operación
operació

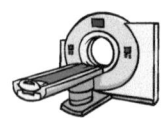

TC
....
tomografía computada (TC),
TAC

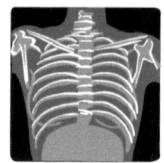

rayos x
....
raigs x

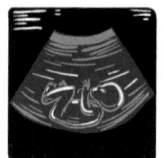

ecografía
....
ultrasò

barbijo
....
mascareta

enfermedad
....
malaltia

sala de espera
....
sala d'espera

muleta
....
crossa

curita
....
tireta

venda
....
embenat

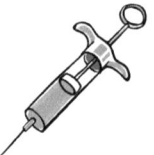

inyección
....
injecció

estetoscopio
....
estetoscopi

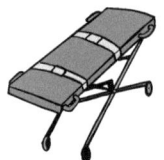

camilla
....
llitera

termómetro
....
termòmetre clínic

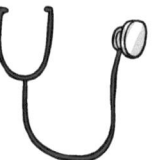

nacimiento
....
pariment

sobrepeso
....
sobrepès

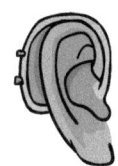

audífono

aparell auditiu

desinfectante

desinfectant

infección

infecció

virus

virus

VIH / SIDA

VIH / SIDA

remedio

medicina

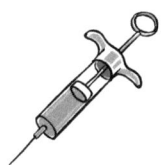

vacunación

vaccí

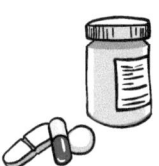

comprimidos

comprimits

pastilla anticonceptiva

píl·lola

llamada de emergencia

trucada d'urgència

tensiómetro

tensiòmetre

enfermo / sano

malalt / sà

alarma

alarma

agresión

assalt

¡Ayuda!

Socors!

ataque

atac

peligro

perill

salida de emergencia

sortida-eixida d'urgència

¡Fuego!

Foc!

matafuego

extintor

accidente

accident

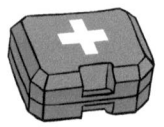

botiquín de primeros auxilios

farmaciola de primers auxilis

SOS

SOS

policía

policia

Europa

Europa

América del Norte

Amèrica del Nord

América del Sur

Amèrica del Sud

África

Àfrica

Asia

Àsia

Australia

Austràlia

Atlántico

Atlàntic

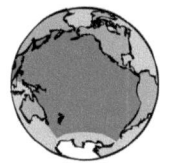

Pacífico

Pacífic

Océano Índico

Oceà Índic

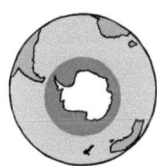

Océano Antártico

Oceà Antàrtic

Océano Ártico

Oceà Àrtic

polo norte

pol nord

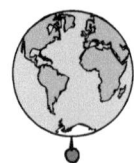

polo sur

pol sud

Antártida

Antàrtida

Tierra

terra

tierra

país

mar

mar

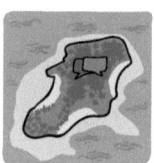

isla

illa

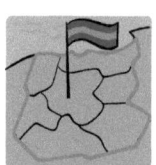

nación

nació

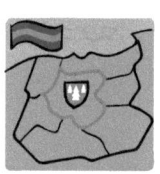

estado

estat

esfera

quadrant

manecilla de las horas

agulla de les hores

minutero

agulla dels minuts

segundero

agulla dels segons

¿Qué hora es?

Quina hora és?

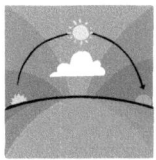

día

dia

hora

temps

ahora

ara

reloj digital

rellotge digital

minuto

minut

hora

hora

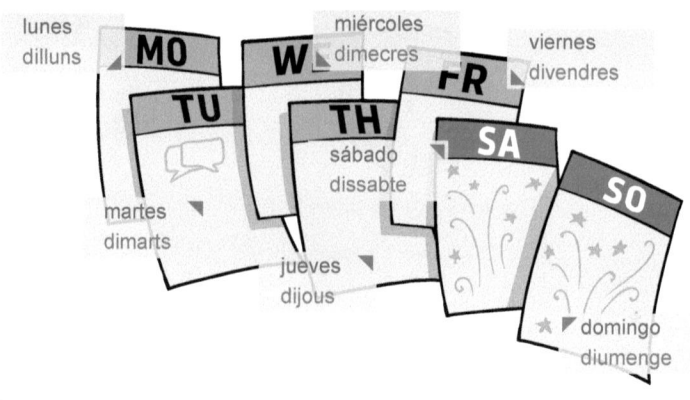

lunes
dilluns

miércoles
dimecres

viernes
divendres

martes
dimarts

sábado
dissabte

jueves
dijous

domingo
diumenge

ayer
ahir

hoy
avui

mañana
demà

mañana
matí

mediodía
migdia

tarde
tarda

días hábiles
dia feiner

fin de semana
cap de setmana

año

any

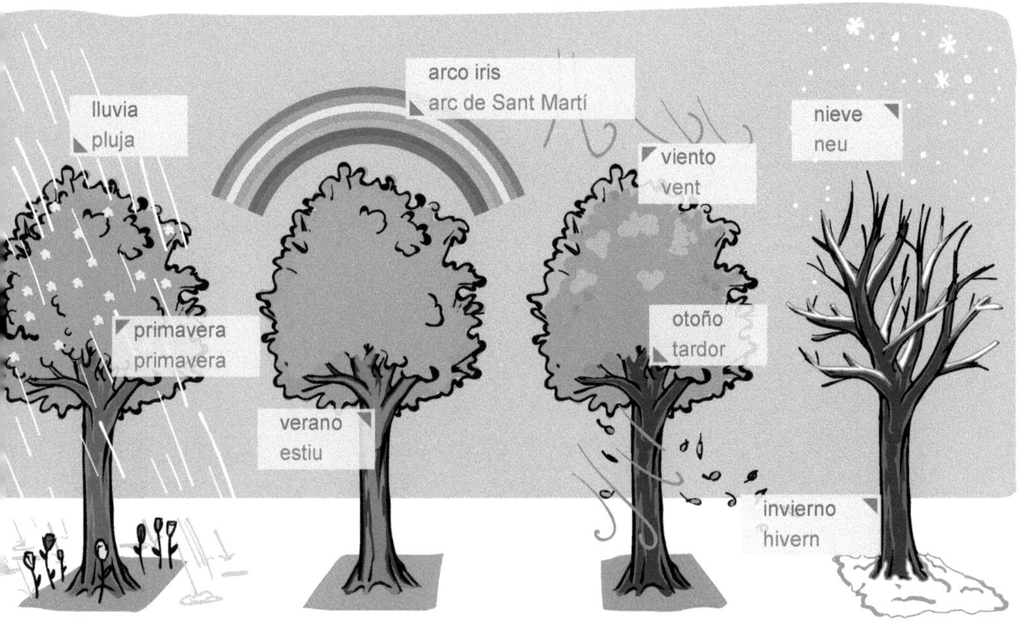

lluvia
pluja
arco iris
arc de Sant Martí
nieve
neu
viento
vent
primavera
primavera
otoño
tardor
verano
estiu
invierno
hivern

4.APRIL 11°
5.APRIL 4°
6.APRIL 13°
7.APRIL 8°
8.APRIL 10°

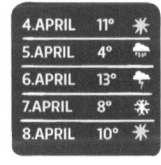

pronóstico meteorológico

pronòstic del temps

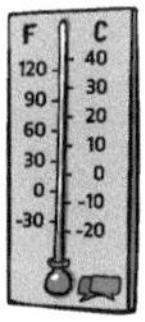

F
C
120
90
60
30
0
-30
40
30
20
10
0
-10
-20

termómetro

termòmetre

luz del sol

llum del sol

nube

núvol

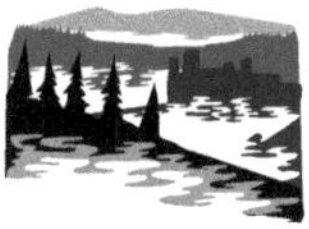

niebla

boira

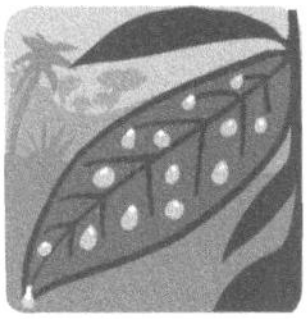

humedad

humiditat de l'aire

rayo

llamp

trueno

tro

tormenta

tempesta

granizo

calamarsa

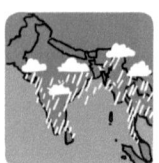

monzón

monsó

inundación

inundació

hielo

gel

enero

gener

febrero

febrer

marzo

març

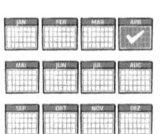

abril

abril

mayo

maig

junio

juny

julio

juliol

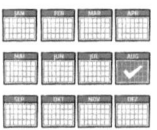

agosto

agost

año - any

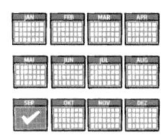

septiembre
....
setembre

octubre
....
octubre

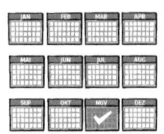

noviembre
....
novembre

diciembre
....
desembre

círculo
....
cercle

cuadrado
....
quadrat

rectángulo
....
rectangle

triángulo
....
triangle

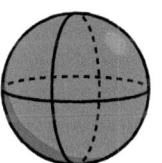

esfera
....
esfera

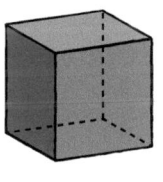

cubo
....
cub

colores
colors

blanco
blanc

amarillo
groc

naranja
taronja

rosa
rosa

rojo
vermell

violeta
lila

azul
blau

verde
verd

marrón
marró

gris
gris

negro
negre

mucho / poco
molt / poc

enojado / tranquilo
emprenyat / tranquil

lindo / feo
bonic / lleig

principio / fin
començament / fi

grande / chico
gran / petit

claro / oscuro
clar / fosc

hermano / hermana
germà / germana

limpio / sucio
net / brut

completo / incompleto
complet / incomplet

día / noche
dia / nit

muerto / vivo
mort / viu

ancho / angosto
ample / estret

comestible / no comestible

comestible / immenjable

malo / amable

dolent / amable

entusiasmado / aburrido

entusiasmat / entediat

gordo / flaco

gros / prim

primero / último

primer / darrer

amigo / enemigo

amic / enemic

lleno / vacío

ple / buit

duro / blando

dur / tou

pesado / liviano

pesant / lleuger

hambre / sed

gana / set

enfermo / sano

malalt / sà

ilegal / legal

il·legal / legal

inteligente / estúpido

intel·ligent / ximple

izquierda / derecha

esquerra / dreta

cerca / lejos

prop / llunyà

nuevo / usado

nou / usat

nada / algo

res / quelcom

viejo / joven

vell / jove

encendido / apagado

encès / apagat

abierto / cerrado

obert / tancat

silencioso / ruidoso

silenciós / sorollós

rico / pobre

ric / pobre

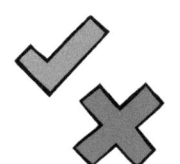

correcto / incorrecto

correcte / incorrecte

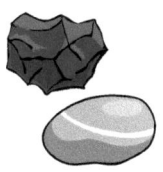

áspero / suave

aspre / suau

triste / contento

trist / content

corto / largo

curt / llarg

lento / rápido

lent / ràpid

mojado / seco

humit / sec - eixut

caliente / frío

calent / fred

guerra / paz

guerra / pau

0

cero

zero

1

uno

u

2

dos

dos

3

tres

tres

4

cuatro

quatre

5

cinco

cinc

6

seis

sis

7

siete

set

8

ocho

vuit

9

nueve

nou

10

diez

deu

11

once

onze

12

doce

dotze

13

trece

tretze

14

catorce

catorze

15

quince

quinze

16

dieciséis

setze

17

diecisiete

disset

18

dieciocho

divuit

19

diecinueve

dinou

20

veinte

vint

100

cien

cent

1.000

mil

mil

1.000.000

millón

milió

números - nombres

inglés
anglès

inglés americano
anglès americà

chino mandarín
xinès mandarí

hindi
hindi

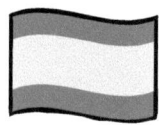

español
espanyol

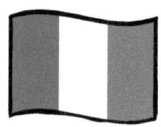

francés
francès

árabe
àrab

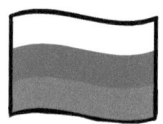

ruso
rus

portugués
portuguès

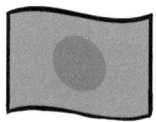

bengalí
bengalí

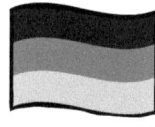

alemán
alemany

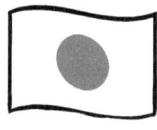

japonés
japonès

yo

jo

vos

tu

él / ella

ell / ella / allò

nosotros

nosaltres

ustedes

vosaltres

ellos

ells

¿quién?

qui?

¿qué?

què?

¿cómo?

com?

¿dónde?

on?

¿cuándo?

quan?

nombre

nom

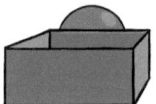

detrás

darrere

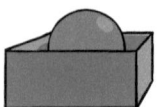

en

en

adelante de

davant de

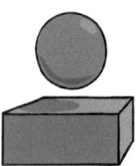

por encima de

damunt

sobre

sobre

debajo de

sota

al lado de

al costat

entre

entre

lugar

lloc